AF345402

POESÍA PARA LA HUMANIDAD. CRÓNICAS DE LA VIDA EN CONFINAMIENTO

ExLibric

JUAN ANTONIO ALMANADO

POESÍA PARA LA HUMANIDAD. CRÓNICAS DE LA VIDA EN CONFINAMIENTO

EXLIBRIC

ANTEQUERA 2020

JUAN ANTONIO ALMANADO

POESÍA PARA LA HUMANIDAD. CRÓNICAS DE LA VIDA EN CONFINAMIENTO

A veces, siento el temor
de quedar los versos en el olvido,
guardados entre aquellos libros curtidos
por el tiempo y el editor.

Agradecimientos

No puedo ni debo olvidar agradecer a todas las personas que han ayudado con sus consejos y aliento para lograr el final de esta empresa, en una etapa importante de mi vida, por lo que representa mi primera publicación. Agradecimiento en especial a mi cuñada Nazaret y mi amiga Pilar, profesoras de Literatura ambas, por sus sabios consejos; a mi hijo Adrián, que siempre me ha apoyado y leído; a mi nuera Noelia, que ha diseñado la portada y la contraportada; a mi familia y a todos aquellos amigos que con su lectura han ido fomentando llevar hasta buen puerto este poemario. Sin ellos hubiese carecido de los ánimos suficientes para poder completar dicho trabajo.

Y, por último, y no menos importante, agradecer a la mujer más bella por dentro y por fuera, que con su paciencia ha soportado la soledad estoicamente, mientras yo, aislado en mi mundo, escribía estas poesías. Es por ello que mi más sincera dedicatoria va dedicada a ella, a la esposa, a la pareja y mi amiga durante treinta y dos largos años, pero que, a la vez, junto a ella se han convertido en un suspiro.

Prólogo

Un día de buena mañana. Un día de aquellos en que aún podía dibujar la sonrisa en tu preciosa cara sin desperdiciar esa sincera mirada… Pero la mañana de aquel día se torció, después también la tarde y su noche, la noche que yacía cada vez más larga, cada vez más lejana, influyendo en el olvido de nuestras sensaciones de la rutina cotidiana. Las noticias fueron tornándose monótonas y tristes, tan tristes que no parecían de este mundo, aunque… hubiésemos querido despertar de esa pesadilla sin sentido. Y desde aquel oscuro día nos cambió la existencia para mal o, quién sabe, para mejor, si no fuese por todos aquellos vencidos y coartados de esperanza y, peor aún, por los seres queridos que vieron sus vidas segadas.

Más tarde, con las manos vacías y el corazón y la mente llenos de aquella esperanza perdida, fueron buscando las almas el fulgor para poder ganar la última batalla y así pasaron los días, acumulando guerras ganadas y, sin embargo, también perdidas.

Poco a poco dejamos por el camino nuestras desangeladas patrañas, y así ayudaron a despejar las sombras del sendero para adentrarnos en la verdadera esencia de la vida, también de la importancia de valorar las cosas por su verdadero mérito y no por el valor superfluo de todo aquello que en el pasado tuvimos, enarbolándolo como tesoro en nuestras vidas.

Este poemario intenta transmitir los sentimientos de su autor y está escrito no solo para los amantes de la poesía, sino también para el resto de la humanidad, por dirigirse a cada uno los sectores y sentimientos involucrados en la covid-19 y de manera preponderante para honrar (también para criticar) a todos aquellos que de una forma u otra ayudaron a forjar la memoria de nuestra crónica para las páginas de los libros de historia de un cercano y a la vez lejano futuro, en los que nuestros ancestros deberían verse reflejados para poner punto y final a esta pandemia de hombres cegados por el poder y abandonados de humanidad.

Por otro lado, el autor incluye en este libro dos breves relatos, haciendo referencia en el primero a la monotonía del confinamiento y en el segundo a las dificultades de relación amorosa, con un leve sentido del erotismo entre pareja, de un matrimonio casi marchito, real como la vida misma, vinculando sutilmente ambos relatos.

Carta de una pesadilla

El sol se colaba sin previo aviso entre las lamas de la persiana a medio echar. Quizá en otros tiempos hubiese puesto la mano sobre mi cara para refugiarme detrás de ella de los rayos de luz, pero llevaba días acostumbrándome a no permitirle que la tocara; era condición indispensable para intentar seguir sano y salvo de aquel virus que zarandeaba con fuerza los pilares de la humanidad.

Me levanté de la cama, toqué la ropa. Llevaba puesto mi pijama de la suerte, ese con el que una mañana, muy temprano, recibí la feliz noticia de la incorporación inminente a mi nuevo puesto de trabajo. Necesitaba aferrarme a algo para poder subsistir a aquella angustiosa situación, aunque la preocupación de no contagiarme cobraba más fuerza por las personas a las que debía proteger que por mí mismo.

Álvaro vivía solo. Recientemente había roto la relación con su pareja después de diez largos años llenos de amor sincero, aunque desahuciado por la rutina. Pero las cosas son como son y si la llama se apaga es necesario apartarse para dejar volar las cenizas.

Mientras tomaba el último sorbo de café, encendí la televisión para, sin duda alguna, escuchar el incesante bombardeo de noticias sobre el bien denominado «bicho» que tenía atemorizado al mundo, llevándolo a una crisis humanitaria y económica todavía incalculable. Hoy se cumplían ya dos meses desde que la maldita enfermedad se había cebado con tantas y tantas personas. Cada día que transcurría se tornaba más incierto, apenas se podía ver la luz al final del túnel.

Por el rabillo del ojo, con gran asombro, eché un vistazo a aquel locutor que de manera natural contaba las noticias. Hablaba de la independencia de Cataluña, de un nuevo caso de violencia de género, de unos delincuentes que habían atracado un banco en las afueras de Madrid... La gente pululaba por las calles a su antojo y el reportero no llevaba mascarilla, tampoco cubría su micrófono con plástico y, además, ni una sola referencia al coronavirus. Cambié de canal un poco enfadado; no era posible la falta de sensibilidad. En estos momentos tan difíciles lo más importante era mantenernos informados sobre la pandemia que acongojaba a todos. Mis ojos quedaron tan abiertos como sorprendidos por lo que estaba escuchando en la sección de deportes:

—En el partido disputado ayer en Italia, tras la expulsión de Sergio Ramos, el Real Madrid ganó 0 a 3 al temido Inter. Al finalizar el encuentro, la multitud se agolpó a las puertas del estadio para increpar al árbitro después de señalar un discutidísimo penalti.

Esta vez no pude evitar refregar mis ojos con las manos, lleno de incredulidad. De camino a la ducha pensaba si me estaba volviendo loco. Después de unos minutos cavilando bajo las gotas de agua, me apresuré a vestirme. Cada vez pesaba más aquel uniforme de policía en mi conciencia. La responsabilidad que sabía que se esperaba de mí con aquella indumentaria a veces me sobrepasaba. Bajé las escaleras casi sin pisar los escalones y sin tocar el pasamanos. Hacía días que por seguridad no cogía el ascensor.

La emisora de radio se encendió de manera simultánea al arrancar el coche. En la tertulia hablaban del ministro Ábalos y de la poca responsabilidad al haberse reunido con la «número dos» de Maduro. A pesar de parecer una crónica totalmente lógica, volvió a sobrecogerme; mi mente contrariada no alcanzaba a entender lo que sucedía.

El teléfono móvil sonó antes de salir del *parking* y un escalofrío recorrió mi piel. No podía creerlo, mi gran amigo Isaac me estaba llamando. No era posible. Ayer lo dejé en el hospital debatiéndose entre la vida y la muerte, enchufado a un respirador, y los médicos no contaban ya con él…

La familia Ruiz me saludó al pasar delante de mis narices como si la alerta no fuese con ellos.

Álvaro salió despacio, con miedo, esperando ver la soledad de las aceras y añorando el olor a contaminación de las calles de Madrid. El tránsito de coches se había reducido tanto que podía oírse el ruidoso canto de algún pajarillo provocado por la recién llegada primavera.

En un parque próximo al *parking*, varios niños jugaban a la pelota. Entretanto, las madres charlaban en actitud relajada de sus quehaceres, sentadas en los bancos de alrededor. Las terrazas de los bares contiguos, repletas de clientes, reflejaban el trajín de la bulliciosa ciudad. No entendía nada. ¿Qué estaba pasando? Ayer mismo, cuando regresaba a casa después del ajetreado día, reinaba la paz más austera que nunca había visto en su barrio.

De repente un ensordecedor pitido retumbó sobre las cuatro paredes blancas de su habitación. El despertador que ferozmente sonaba desde su mesita de noche provocó un estallido en su corazón que le hizo despertar agitado del maravilloso sueño del cual disfrutaba.

El sol se colaba sin previo aviso entre las lamas de la persiana a medio echar. Quizá en otros tiempos hubiese puesto la mano sobre su cara para refugiarse detrás de ella de los rayos de luz, pero llevaba días acostumbrándola a no permitirle que la tocara; era condición indispensable para intentar seguir sano y salvo de aquel virus que zarandeaba con fuerza los pilares de la humanidad.

La pereza y el cansancio de los últimos días lo incitaban a seguir un rato más en la confortable cama, pero su responsabilidad le hizo levantarse de un brinco.

Mientras tomaba el último sorbo de café, encendió la televisión para, sin duda alguna, escuchar el incesante bombardeo de noticias sobre el bien denominado «bicho» que tenía atemorizado al mundo, llevándolo a una crisis humanitaria y económica todavía incalculable. Hoy se cumplían ya dos meses y un día desde que la maldita enfermedad se había cebado con tantas y tantas personas. Cada hora que transcurría se tornaba más incierta. A pesar de ello, el final del túnel parecía más cerca y la luz casi podía vislumbrarse.

Hizo un esfuerzo por querer escuchar lo que el sentido común deseaba contarle, pero aquel locutor que de manera sosegada contaba las noticias hablaba del coronavirus…, de que los contagios habían disminuido y de que se había alcanzado el vértice de la pirámide y el número de personas curadas crecía más y más en todo el mundo. También daba las gracias a los ciudadanos por permanecer la inmensa mayoría en sus casas y contaba que dirigentes de todos los países se habían unido para derrotar entre todos al temible virus. Un reportero entrevistaba con su micrófono cubierto de plástico fino al jefe del servicio médico, justo cuando un gran número de pacientes dados de alta salían por la puerta del hospital. Cambió de canal un poco enfadado. A pesar del optimismo de las crónicas del día, no eran las noticias que él deseaba escuchar. No había fútbol, tampoco se hablaba de política, ni tan siquiera de algún que otro atraco, que en aquellas circunstancias le hubiese gustado oír.

De camino a la ducha siguió pensando en cómo escapar de aquella pesadilla que le perseguía noche tras noche. La locura le acechaba en algún rincón de su mente.

En el *parking* no intercambió ningún saludo y su teléfono quedó huérfano de la llamada de su gran amigo Isaac.

Las calles y los parques permanecían vacíos ante la mirada impasible de Álvaro. No quería creer que esto estuviera sucediendo de nuevo… Las terrazas, desprovistas de mesas y sillas, lloraban por la ausencia de clientes y el silencio de las aceras se fundía con el asfalto desierto de ruidosos vehículos que no dejaban su agradable olor a combustible quemado entre el viento y el bullicio de sus gentes. Por un momento se dio cuenta del tremendo disparate que acababa de pasar por su mente: ¿agradable olor a combustible quemado? Él, un acérrimo defensor de la naturaleza que tantas veces había despotricado por mantener un aire limpio y puro, queriendo contaminar el aire que se respiraba últimamente.

El día fue largo y tedioso, pero por fin regresaba a casa para poder descansar de nuevo. Ansiaba quedarse dormido; era la única manera de romper con aquel caos insufrible al que estaba expuesto cada día. Subió las escaleras casi sin pisar los escalones y sin tocar el pasamanos. El ascensor había desaparecido en su rutina diaria.

El sol se colaba sin previo aviso entre las lamas de la persiana a medio echar. Quizá en otros tiempos hubiese puesto la mano sobre mi cara para refugiarme detrás de ella de los rayos de luz, pero llevaba días acostumbrándome a no permitirle que la tocara; era condición indispensable para intentar seguir sano y salvo de aquel virus que zarandeaba con fuerza los pilares de la humanidad.

La vida seguía su curso y Álvaro no iba a permitir apearse de ella sin finalizar su misión en aquella crisis que le había tocado lidiar, igual que al resto de los ciudadanos, a pesar de la labor que le habían encomendado en Carabanchel, uno de los distritos más peligrosos de la ciudad.

Mientras tomaba el último sorbo de café, no podía evitar recordar las palabras de su gran amigo y compañero de trabajo Isaac, un amante de la historia, poco antes de caer enfermo por haberse contagiado durante una trifulca con un delincuente que tenía síntomas de la enfermedad del coronavirus:

—No puedo creer que los americanos en 1943 fuesen capaces de crear un tanque cada cinco minutos, a mediados del siglo XX, con una tecnología infinitamente menor de la que disponemos en la actualidad, y ahora, en los albores del siglo XXI, no seamos capaces de fabricar miles, ¿qué digo miles?, millones de mascarillas para proteger a todas las personas de la tierra y crear los suficientes respiradores para que nadie se muera por falta de ellos, igual que los test y los epis. —Se le notaba muy enfadado. Entretanto, ponía su codo antes de toser por segunda vez.

Álvaro sacudió su cabeza de lado a lado varias veces, queriendo desprenderse de las sensatas palabras de Isaac y escapar de sus recuerdos, que retumbaban a modo de martillo en su mente.

Prefería gastar sus energías en pensar cómo ayudar a la viuda de su amigo. Había dejado huérfanos a dos niños de corta edad.

Hoy se cumplían casi cuatro meses desde que la maldita enfermedad doblegara de manera inapelable el bienestar social.

El sonido de fondo de la televisión se escuchaba en la cocina comedor del pequeño apartamento. El presentador narraba las noticias del día con más euforia que de costumbre: los contagios habían descendido considerablemente, así como las personas en UCI y el número de víctimas; pero Álvaro, al igual que el resto del mundo, se preguntaba cómo volvería la población mundial a la normalidad e intentaba ser optimista. Él era partidario de que la lucha no debería ir encaminada hacia la vuelta inmediata a la rutina de siempre porque la rutina de siempre había demostrado su ineficacia en la sociedad. Debería centrarse en aprender de los errores cometidos y luchar contra el virus para volver con todas las fuerzas y cambiar la rutina de siempre por algo más humano y seguro.

De repente un atisbo de luz se hizo sitio en su mente. Llevaba varios días dándole vueltas a la cabeza, a un artículo que había leído de algún reconocido científico sobre la incomodidad del virus a temperaturas mayores de 26 grados y con una humedad del aire del 85 por ciento. Con esas condiciones el virus sucumbía. Entonces ¿por qué no crear una cabina similar a la de rayos uva con un propulsor de aire caliente y un deshumidificador y que llevara también incorporada una cámara térmica para detectar la temperatura corporal, que se pudiera instalar en la entrada de cada uno de los establecimientos que tuvieran una concurrencia considerable y en la cual, antes de entrar a ese sitio, se introdujeran durante un instante las personas? Podrían llamarla «covi-des».

Álvaro era una persona muy imaginativa a la que le gustaba fantasear con sus ideas, a veces inverosímiles y otras no tanto. Siempre intentaba buscar el lado bueno de las cosas; por ello, en su batalla interna que libraba cada día entre el bien y el mal, daba un hálito de esperanza a la humanidad. Él era la típica persona que pensaba que el coronavirus, además de contrarrestar vidas, también las salvaría. La caída brusca de la contaminación contribuiría a ello, librando a muchos niños y ancianos de un desenlace fatídico en el futuro.

Por otro lado, pensaba en la fragilidad del ser humano: «Solo somos un granito de arena en la gran montaña de la vida. Este virus ha dejado con el culo al aire la supuesta robustez del hombre en la tierra. Creíamos que éramos el ombligo del mundo y nada más lejos de la realidad; de la noche a la mañana hemos dejado de presumir para rompernos en mil pedazos como una figura de porcelana al estrellarse contra el suelo».

La melodía inconfundible de la canción de moda, *Resistiré*, lo despertó de su embelesamiento con un respingo. Salía desde los altavoces de su móvil. Al otro lado del teléfono se escuchaba la voz rota de su compañero Ramón:

—Álvaro, a partir de mañana el estado de confinamiento pasará a ser historia. La población podrá empezar a salir de sus casas, aunque extremando las precauciones. —La alegría desbordada de Álvaro dio paso a los ojos llenos de lágrimas por la emoción.

El sol se colaba sin previo aviso entre las lamas de la persiana a medio echar. Quizá en otros tiempos no hubiese puesto la mano sobre mi cara para refugiarme de los rayos de luz detrás de ella, pero hacía días que volví a permitirle tocarla. El virus resultó no ser tan maligno como la gente imaginaba.

La televisión hablaba de que, a pesar de las más de 28.000 víctimas y el gran duelo que había provocado en las familias de esas personas, el porcentaje de la población con un final fatídico no había sido tan tremendo como se esperaba. Ese porcentaje cobraba aún más valor si se trataba de personas a partir de los 80 años, así que las autoridades decidieron seguir confinando a esas personas de riesgo y liberando al resto de la población, aunque con algunas restricciones y medidas de seguridad.

La cara de Álvaro rezumaba felicidad y esperanza. Ojalá la humanidad haya aprendido la gran lección que nos ha dado la vida. Mientras, en su mente tintineaba una frase que siempre en los peores momentos le gustaba pronunciar, al igual que a su autor, el gran poeta Antonio Machado: «Hoy es siempre todavía».

Aunque… por otro lado, no podía dejar de pensar en la soledad en la que estaba inmerso después de su malogrado matrimonio…

POESÍA DESDE EL ENCIERRO, POESÍA PARA LA HUMANIDAD Y CRÓNICAS DE LA VIDA EN EL CONFINAMIENTO

I. A LOS QUE NOS DEJARON

El viento te ha llevado,
arrastrando la felicidad
como hoja que vuela sin destino
en el camino de las tinieblas.
¿Y ahora qué?,
si no sé vivir sin ti.
Ahora todo lo perdí,
porque de ti me cubrí.
Me dejaste solo, melancolía y el corazón roto,
vagando a su antojo aquí y allá,
sin ganas de sujetarlo para no llorar más,
intentando recomponer mi alma
con pedacitos de tenacidad,
enmudecido por esta crueldad.

Miro a un lado y a aquel otro.
La luz que siempre brillaba ya no está;
se fue con la mañana a pasear su tristeza
por los pasillos de tus recuerdos.
Cierro los ojos e intento imaginarte
aquí, de nuevo a mi costado.
Estás ahí; no puedo tocarte,
pero te siento dentro.
No puedo verte, pero sí olerte.
Y qué más quisiera yo… Tenerte.
Me abandonaste con las manos vacías,

buscando en el desván de mi mente
una explicación convincente.
Aunque tal vez… nunca la encuentre.

Entre el silencio de algunas pesadillas
y el ruido del llanto amargo,
solo quebrado por la impotencia
de este dolor que reconcome la conciencia
por no poder velar tu ausencia,
la casa se hace pequeña
sintiendo que no volverás.
Necesito buscar paz
desde el firmamento… hasta más allá.
Quizás el tiempo sanará la fatiga de tanto pesar.

II. A LOS SANITARIOS

Corazón de fuego, sentimiento abnegado,
dime dónde andas, que no te he hallado.
Volviste del olvido en el pasado
a ser de un día a otro idolatrado.

Quién te ha visto y quién te ve.
Ayer hojarasca en el pajar
y ceniza en la hoguera,
hoy alhaja en el ajuar
y llama en la brasera.

La tarde muere con palmas
entre el pasillo y el tenue descanso.
La fatiga duerme en remanso
mientras la noche busca calma.

Lo que fuiste no serás,
un día el pueblo hablará,
mas pronto tú vendrás
de tus azarosas hazañas.

III. A LOS TRANSPORTISTAS

Soledad que me acompañas
en el sendero del camino,
a través de la montaña,
también con algún molino.

A veces lloro en tu ausencia
los momentos no vividos,
velando por tu presencia
y el corazón henchido
de tu amor en abstinencia.

No llores por mí, esencia,
corazón de madrugada.
Sabes de tu impaciencia
al final de la jornada.

La gente saluda al paso
con sonrisa agradecida.
Quiera Dios que cielo al raso
dé final a mi partida.

Felicidad es la palabra
que da luz a mi vereda.
Con el sueño siempre pueda
para llenar tu nevera.

IV. A LOS OTROS HÉROES

Este poema está dedicado a los trabajadores de supermercados, tenderos, panaderos, farmacéuticos y, en general, a todos aquellos que estuvieron ahí, a pesar de sus miedos, para que en nuestras casas no careciéramos de nada.

Camino por la ciudad
vacía de sus gentes,
entre el miedo de mi mente,
apartando la ansiedad.

Aprieto los dientes
y lucho por mantener la serenidad
aunque la dificultad
ayude a resistir más fuerte.

Pero ahora es tarde,
yo no nací siendo así.
Tampoco lo pretendí
aunque nada me acobarde.

Pasa el día y en mi cabeza
solo queda espacio
para el temor bastante reacio
de mi gente, que aguarda con entereza.

Luego… regreso con mis miedos,
entre las sombras de las calles vacías,

pensando en ti y en tus acrobacias
para apartar el virus de los dedos.

Quiero que nunca olvides
al héroe que no fui,
pero recuerda…, nunca hui
aunque el bicho me acobarde.

V. A LAS FUERZAS DE SEGURIDAD

Suena una sirena
que rompe el silencio
de las calles desiertas
en los momentos inciertos.

Bien sabes de mí
que vivo en las calles
con tus desdichas
para velar por ti.

Que juego al escondite con sigilo,
intentando dar quiebro al peligro,
ocultando el miedo
para velar por ti.

Que tu simple libertad
nace de mis desvelos
por seguir luchando,
a veces sin saber cómo,
otras… sin saber cuándo.

Aunque el honor…
tan fuerte a la lealtad,
si arrecia la tempestad,

la imperiosa dignidad
puede más que la maldad.
Y si así el riesgo diera
pugnaría con cualquiera
con paciencia de la chistera,
al igual que un juego fuera.

Cuido tu seguridad,
mas intento madurar
en trances que soy juzgado
y en momentos valorado,
pero siempre dispuesto a ayudar.

VI. A TANTOS COMO LUIS

Este poema está dedicado a una persona muy entrañable, Luis Porras Sánchez, nacido en Montemayor (Córdoba), al que, sin haber tenido la oportunidad de conocerlo, solo de escuchar sus vivencias en palabras de su hija Pilar, ya se le estima y se le quiere.

El poema está sacado de fragmentos escritos por él, que he seleccionado y marcado entre comillas para completarlos con mis palabras, de los sentimientos más profundos sobre su persona y, creo, de su forma de pensar, por lo que he leído de sus libros de haikus, breves poemas de origen japonés, escritos desde lo más hondo del alma.

Sin duda, fue un hombre bueno y sabio de la vieja escuela, de aquellos que con su esfuerzo y sudor cambiaron nuestra España querida para darnos mejor vida. Esa vida que les negamos en esta pandemia, en sus últimos momentos, a nuestros mayores por el simple hecho de pertenecer a una generación del pasado y, desde luego, muy diferente, de la que jamás volveremos a disfrutar.

Nunca existirá otra generación igual.

El tiempo. ¿Qué es el tiempo?
Sin vida, el tiempo no supone nada.
Cuando no estamos,
cuando el halo del alma
abandona nuestro cuerpo,
¿de qué sirven los lamentos?
«Ayer ya pasó,
hoy aún no ha pasado
y mañana… Mañana ¿qué?».

Mañana solo habrá oscuridad,
seremos polvo en el horizonte.
Así que… «no llores por nada,
guárdate las lágrimas, que harán falta»
para que tus pensamientos
resurjan como ave que coge vuelo
después de haber cortado sus alas.
Alégrate de seguir vivo
y busca en el presente
lo que verás ausente
en el futuro más reciente.
«Es mejor hacerse el sordo
si las noticias son tan amargas»
porque…
«todos seremos en el juicio final casi juiciosos».
Jamás lo dudes, «no llores por nada,
guárdate las lágrimas, que te harán falta»,
y «si eres pobre
no te preocupes tanto, el tiempo corre».
Recuerda,
«allá en la infancia quedaron los sollozos
y los pañales».
¿Quién no venera esos momentos vividos
del ayer y del pasado?
«Nunca te preocupes tanto;
el tiempo corre deprisa»
y no espera a ninguna primavera.

Luis Porras y Juan Antonio Almanado

VII. A LAS MADRES EN CONFINAMIENTO

Si lloro tu ausencia
es porque aún duermo con tu nombre
en mi almohada,
buscando tu presencia,
que ya no existe en los cuentos de hadas.

Nunca me abandonas en la oscuridad
y, cuando la lluvia cae,
cubres con un manto de esperanza los desvelos,
llenando de calma la tempestad.

Podrías abrazar el cielo con tu bondad
y, sin embargo, desde el suelo
llevas en volandas
a aquellos corazones
por los que vives con pasión,
luchando con tesón.

Nadie como tú hace volar tan alto
mis sentimientos.
Quiero imaginarte cerca, muy cerca,
oler tu perfume de madre
que siempre quedará en mis recuerdos.

Las manos cansadas de luchar por la libertad
dejan huella en tu pasar,
pero apartas a un lado tus fantasías
para compartir lo más grande de ti
con aquellos a los que un día
les diste la vida
desde tus entrañas.

Quiero tu sombra siempre en el huerto
donde mis sueños corren hacia la luz,
esa luz que desprendes al caminar
sin mostrar a los demás.

Nadie como tú hace volar tan alto
mis sentimientos.
Quiero imaginarte cerca, muy cerca,
oler tu perfume de madre
que siempre quedará en mis recuerdos.

Nadie diría que fuiste un día
sol en mi ventana,
hoy también luna
en mis noches desoladas.

Me gusta ver tu cara cuando sonríes,
derrochando felicidad
después de haber dado todo sin pedir nada.

Tu corazón es tan grande
que no cabe en el universo.
Siempre te busco y ahí estás,
con tu alma repleta de humanidad.

Te quiero, mamá.

VIII. LIBERTAD

Viento que no me ves,
¿por qué el susurro de tu aliento ya no siento?
Sueño que estoy despierto,
jugando entre tus vaivenes otra vez.

La casa se hace pequeña
sin sentirte en mi cara
cuando caminábamos juntos
sin que el tiempo terminara.

La nostalgia de las sombras de los árboles
mecidos con tu aliento
vuela hacia la soledad
de tus calles en silencio.

Ya no juegan los niños a tu alrededor,
ya no soplas en mi espalda,
ya no arremetes contra mi pelo,
alborotando las hojas sobre el suelo.

Los jardines lloran desolados
con el suave balanceo de tus caricias
y el rugir de las olas azotando
las orillas de las playas,
desamparadas de sus gentes,
mientras tornábamos juntos
del paseo más ingente.

Ahora la distancia nos separa,
más por mí que por ti,
aunque el reloj corre deprisa
hacia el encuentro de nuevo con la brisa.

IX. VIRUS

¡Mamá, mamá! ¿Los monstruos existen?
No, hijo. Solo existen en los cuentos.
Entonces ¿por qué tenemos miedo de él?
Porque es más peligroso
que el monstruo de tus cuentos.

Si te descuidas
se mente dentro
y acaba con tu vida.

Nadie sabe cómo vino,
tampoco su procedencia,
pero todos lo conocen
y procede sin clemencia.

Puedes encontrarlo en la esquina
y también en la cocina.
Mayores, jóvenes y niños,
todos pueden caer.
Has de lavarte las manos
si lo quieres vencer.

X. NIÑOS

Veo, veo. ¿Qué ves?
En un lugar de la casa,
de cuyo nombre prefiero no hablar,
ellos juegan y juegan sin cesar.

Alboroto, querido alboroto.
No me abandones, paciencia,
al borde de la inconsciencia
si mi palabra agoto.

Cuando ellos duermen
vigila el silencio en los rincones
y también en los balcones,
mas en la sombra los padres lo evitan.

Mañana por la mañana
brillará un nuevo día,
pero pronto atardecía
y aún jugaban con ganas.

Y así fue la aventura
para no estar loco.
No mostraron al coco,
pero sí a la cordura.

XI. A LOS AUTÓNOMOS

Fuimos sol en primavera,
ahora eternos olvidados,
los soldados de madera,
ahora eternos señalados.

Bajo el yugo del estado
cabalgamos asustados
con las manos esperando
los refuerzos esperados.

Y así pasan las horas,
una a una, sin guerrera,
mientras ellos nos ignoran
con el frío en la trinchera.

Observados con la lupa
desde el campo de batalla,
lo que siempre nos preocupa
sin pasarnos de la raya.

Débiles en solitario,
pero ejército de tierra.
Por eso los generales
no pueden ganar la guerra
olvidados de oficiales.

Y así pasan las horas,
una a una, sin guerrera,
mientras ellos nos ignoran
con el frío en la trinchera.

XII. CANTO A LA AMISTAD

El tiempo se hace eterno
por volver a la vida.
Loco infierno este invierno,
aislado tras la huida.

¿Cuántas veces hemos reído
entre plato y plato?
¿Cuántas veces con tanto ruido
hemos hecho trato?

Quiero tenerte cerca
para abrazarte cuando estás callada,
con tu carita de fresa, aunque no te diga nada.
Quiero tenerte cerca
para consolarte cuando estás… enojada.

Necesito verte,
contarte cosas cara a cara
y hacerme más fuerte
con tu amistad un poco rara.

La gente no diría
que fueses casi mi hermana,
pero nadie dudaría
desde aquella edad temprana.

Cansado de mirarte a través del cristal,
frío reflejo de tu rostro,
sin olor entre palabras,
sumida en esa carcasa de metal.

Quiero tenerte cerca
para abrazarte cuando estás callada,
con tu carita de fresa, aunque no te diga nada.
Quiero tenerte cerca
para consolarte cuando estás… enojada.

XIII. A NUESTROS MAYORES

Las palabras sabias desde tu corazón
bullen como volcán en erupción.
Nunca nos dejaste en el camino,
pero ahora olvidan tu destino.

Los recuerdos del ayer
enseñaste sin saber.
El mundo ahora es más culto,
pero menos cuerdo.

No hay alma,
tampoco calma,
y las manos, vacías de sensatez,
derrochan sentimientos sin sentido,
más propios de la inmadurez.

Las mañanas serán eternas
sin vuestros paseos matutinos
en las calles, con los nietos,
disimulando la paciencia,
cada día más discretos.

Nunca fuiste el culpable
del abandono de aquello
por lo que un día incierto
ahora te deniegan…
por tu vejez con desacierto.

XIV. TEMIDO SEXO

Ayer te vi.
Como una ilusión
volabas al viento
que mecía tu cuerpo,
invocando la sed perdida.
Acariciaba tus senos
ávidos de pasión.
Aunque… no te dejabas.
Mis dedos se deslizaban
rozando tus labios,
que no decían nada…
porque no te dejabas.

Bendita ilusión mía,
que por ti daba la vida
tan solo hace unos días,
y ahora nadie daría
ni un atisbo de sentimiento
por nuestra relación, partida en dos
desde aquel maldito encuentro
con el miedo de enfrentarnos
cara a cara con el terror,
buscándonos en la cercanía
para declarar la guerra… a nuestro amor,
porque no te dejabas.

A solas con mi soledad,
cuento las horas
desde el último minuto
que me negaste sin piedad.
Echo de menos esos momentos
de placer vividos en nuestro nido
antes de aquel atardecer,
cuando la vida se volvió tan cruel
como el despertar de las mañanas sin tu piel,
porque no te dejabas.

Ya no hay días largos
con tu pelo sobre la almohada.
Hay momentos amargos
arropados por tus celos estrafalarios
y, sin embargo, tú no decías nada,
pero no te dejabas.
Entonces…
mis dedos perdidos sobre tu espalda
quemaban el fuego del alma
mientras el mundo se paraba…
y tú te dejabas.

XV. A LA CLASE POLÍTICA

Estimadas majestades de la hipocresía,
queridos sordos mandatarios,
hoy nace un nuevo día.
Hoy es el día de las plegarias
por la cordura de sus vasallos.

Queridos locos del ansiado poder,
hemos llegado hasta aquí
con los bolsillos llenos de solidaridad,
a través del enrevesado camino,
desorientados por las estrellas que nos guiaban,
dejando una estela de senderos inciertos
y las alforjas vacías por tanta palabrería,
aunque nadie lo sabía.

Veo líderes que gobiernan
cegados de conveniencia.
Habrá que implorar la coherencia
y exigir las promesas olvidadas,
en el cajón guardadas
desde aquel día lejano
que pusimos la confianza en vuestras manos.

Queridas Cortes Generales,
hoy os pido que traigáis a mi árbol
la sensatez que necesito

para encauzar la vida con ilusión
y así mis sueños
no sean sueños rotos
por vuestra hastiada insensatez.
Y poder alcanzar el futuro
lleno de esperanza,
rodeado de los hijos y los nietos,
a pesar de que os falte madurez.

De nada sirve si te enfrentas
a tu adversario
entre los ideales
y tus finalidades,
cansado de tu descarada altanería
si fustigas al proletario.

Mientras, continúo como un presidiario
para que tú y tu sinrazón
peleéis sin el corazón,
descuidando la verdadera razón…
El bienestar del compromisario.

XVI. A LA POBREZA

Porque la vida se volvió así
vengo buscando el cobijo
a la sombra del acertijo
que me ha tocado vivir.

Ahora mi mundo no existe tal como era.
El tiempo corre despacio
en este enorme palacio
de pobres esperando a mi vera.

Miro el pasado con añoranza,
porque el dinero del presente
supone una quimera.
Y si mirando el futuro me arrepintiera,
quizás lo viera de otra manera.

Así, cuando anochece, de este modo
mis desconsolados pensamientos
no alcanzan más aliento
en el tortuoso recodo,
asustado por el destino incierto.

Nunca imaginé caminar
por esta injusta oscuridad,
afligido por la calamidad
de mi triste malestar.

XVII

Gente valiente ha habido mucha, sin duda, en esta pandemia. Aquí podemos hacer un inciso para dar las gracias a los cocineros y personas que están ofreciendo sus servicios solidariamente para dar de comer a todos aquellos que prescinden de lo imprescindible.

No existe mesa redonda
ni caballero, cual escudero,
en ese lugar donde te espero
con la esperanza muy honda.

Allí donde estés,
ven a verme.
Te atenderé,
procuraré que no enfermes.

No hay paz más grande
que tu consuelo
si consigo rechazar el duelo.
Ruego a Dios así lo mande.

Me siento como en el cielo,
reconfortado por la esperanza.
No quiero tu alabanza
por mis sinceros desvelos.

Dinero… No sirve el dinero.
Solo añoro una sonrisa
y que vuelvas con la brisa,
sin olor a forastero.

Tus manos vacías
me llenan de decepción
por aquella desazón
cuando te escondías…
sin razón.

Jamás dudes de ti,
de aquello que un día fuiste.
Pronto dejarás de estar triste,
porque de esta… también lograrás salir.

XVIII. SOLEDAD

Cuántas veces te he odiado
en la oscuridad de mi salón,
hablando solo desde mi rincón,
bastante desanimado.

Entre el cruel amanecer
de un nuevo día,
falseado por la alegría
mientras dura el atardecer.

Fiel reflejo del ayer
con igual monotonía,
también desde la ironía,
porque da miedo el oscurecer.

¿Qué quieres que te cuente
si no hay nada nuevo que contar?
Tan solo un sordo cantar
y el tararear de la mente

cuando duermo, siendo dueño
de mis terrores más inciertos
en el sendero del sueño,
para curar mis entuertos.

Me miro en el espejo;
soy el mismo de siempre,
aunque un poco más viejo
y algo menos elocuente.

Ahora llegó mi venganza.
Jamás volveré tras tus huellas traicioneras,
porque el tiempo me enseñó… que te mintiera
para alcanzar el fruto de la esperanza.

XIX. AMOR EN LA DISTANCIA

Hoy me he dado cuenta
de que mi vida sin ti
deja de ser feliz
porque sin ti, mi amor,
la vida tiene distinto color.
El cielo se llena de nubes negras
cuando no estás a mi lado
y sufro de puro dolor.

Hoy me he dado cuenta
de que tú eres mi vida, amor.
Durante tanto tiempo
te tuve olvidada y abandonada
y en tu soledad sufrías desconsolada
sin que nadie te cuidara.
El rumbo de la ambición
me cegó, apenas sin diversión,
jugando entre mentiras
con la persona a quien admiras.

Hoy me he dado cuenta
de que tu mundo se volvió triste
y a pesar de eso nunca discutiste.
Ahora te miro a la cara
como a una desconocida,
buscando lo que has cambiado,

encerrada en tu mente y protegida.
Desde tu soledad
llamas a la calma,
tan cerca de tu alma
por tanta austeridad.

Hoy me dado cuenta, amor,
de que mi soledad es comparable a la tuya,
y la vida me destruya
como un sol abrasador
sin tu ansiado calor.

No sé si hoy será tarde
y en tu universo
aún haya sitio para los dos,
en el regreso para la esperanza
de una nueva alianza
entre tu vida y mi corazón.

XX. MIEDO

No quiero verte
cuando te acerques.
Aléjate, soy más fuerte
de lo que crees.

Si sospechas que estoy acabado,
no pares, huye de mí,
olvídate de lo que fui,
porque de ti me he liberado.

Cara a cara, con dignidad,
de nuevo te haré frente.
Ya no amilanas mi voluntad
por mucho que lo intentes.

Pienso en ti en la distancia
y solo de pensarte te doblego.
No tengas ningún apego
a mi alma por su arrogancia.

Ayer fuiste pesadilla,
solía esconderme bajo la falda,
sintiéndote sobre mi espalda,
sin poner la otra mejilla.

Hoy con furia te desafío
y me río entusiasmado

si sigues, desde el pasado,
forjándome más bravío
para que acabes devorado.

XXI. A LOS VOLUNTARIOS

Una hormiga le dijo a la otra:
«Unamos nuestras fuerzas
para ayudar al mundo
desde el afán más profundo».

«Pero… es una desbocada encrucijada.
Tendrás que luchar contra el gigante,
enfrentándote a un monstruo aberrante.
Mejor… te quedas sentada.

Arreciará la lluvia, también la furia.
No la verás sobre el cristal
e intentará arrastrarte con su caudal
por la senda de la penuria».

«Pero ¿qué importa la dificultad
cuando el cansancio detuviera,
aunque sea a mi manera,
para imponer la humanidad.

Soy capaz de mover montañas
con tal de causar una sonrisa,
partiéndome la camisa,
y así cumplir esta hazaña.

Si no puedo vencer al instante,
aislado, desde este lado,
lucharé ayudado de un ejército de soldados
unidos por la fuerza del talante».

En el balcón no existe mayor honor
si se consigue la labor
de un solo aplauso más
por aquellos que salvarás.

Y aunque al monstruo no ganamos,
con nuestro esfuerzo… lo paramos.

XXII. LOS ABRAZOS

Un abrazo. ¿Cuánto vale un abrazo?
Si pertenece al pasado,
un abrazo es solo un abrazo,
quizás incluso simulado.

En tiempos de despilfarro,
esos brazos entrelazados
fueron poco valorados
en su ausencia, sin desgarro.

Si lo deseas de corazón
ahora, multiplicado su valor,
produce ese profundo ardor
colmado de pura ilusión.

Hemos vivido soñando
en el pasado más añorado.
De nuevo te tengo enfrente;
podría no ser consciente
de tus brazos entrelazados,
recogiendo los pedazos
de aquellos abrazos mal dados,
intercambiados por arañazos.

Y si te siento a mi vera
el corazón se acelera

por los abrazos bien pagados
que no serán aplazados.

XXIII. ESPERANZA

Valoramos las riquezas atesoradas
cuando en el fondo de nuestros males
se hunden apresuradas.
El viento no doblega a la esperanza porque
la esperanza resiste siempre a la tempestad.

Esta lección de la vida
nunca debería pasar desapercibida,
tampoco poner la otra mejilla.
Siempre con tus circunstancias
has de ser fuerte, no solo aparentarlo,
luchar y luchar contra las olas
en contra de la corriente.

Hemos de levantarnos cien veces,
aunque en tu vida mil veces tropieces,
a pesar de que este adversario
guerree como un corsario.

No te compadezcas de tu suerte
y lucha con la espada… y con los dientes.
La suerte da la espalda a los débiles
y tú eres el bucanero
que pone en su boca el sable
con tal de no abandonarse a la suerte.

Piensa que esta contienda
resultará de difícil asalto,
aunque si luchas desde lo más alto
tendrás las millas ganadas
para reconciliarte con tus batallas.

Volvemos a una nueva vida;
no dejes la vela de tu destino
soplar a su libre albedrío.
Toma con destreza el timón
y coge el rumbo de tu existencia
para alcanzar el siguiente espigón.

Navega siempre a favor de sotavento,
sin virar nunca a barlovento.
No permitas escorar
tu barco bordeando el puerto de la desdicha.
Deja que la quilla navegue con soltura
entre tus problemas más profundos,
pero no pierdas el rumbo
para nunca tener que decir…
me derrumbo.
Aleja de tu travesía la palabra desesperanza
y enarbola la bandera del optimismo,
lanzándote al abordaje…
por ti mismo.

XXIV. A LOS FERIANTES

¡Qué difícil la noria en esta historia!
Entre vuelta y vuelta
corre el virus,
quemando la frágil vida
de aquellos que sin descanso,
en tantas y tantas verbenas,
causaron la alegría desmedida
tatuada en tus venas.
Mientras…
entre canción y canción
y el sonido intenso de una sirena,
intentan olvidar sus penas,
consiguiendo liberar la diversión
de ti y de quienes buscan la pasión.
Y sobre todo…
de los que todavía
sueñan entre nubes blancas,
sin saber de penas
ni de equilibrios…
ni de venganzas,
porque sus corazones
acaparan la inocencia
y aún dan poca importancia
a la valorada subsistencia
en esta pesada vida
de desdichas y añoranzas…,
ausentes de esos desconsolados lloros.

Ahora suspiran los caminos
por aquellos que transitaban
con la alegría sostenida,
sin conocer todavía
la ganancia de su constancia,
con los remolques secos de sudor
y privados del olor
a la goma quemada
por el trabajo desolador.
Tampoco queda la esperanza
del ansiado aroma del albero
y de aquellos apresurados atardeceres
con las manos manchadas
de polvo negro… y talco blanco.
Habrá que esperar en el olvido
a la próxima primavera
para que ese sonido
de júbilo perdido
devuelva a los corazones
la gratitud con esos desconocidos,
llenando de jolgorio los sentidos
y colmándonos de nuevo
de infinitas… emociones.

XXV. A LAS MASCOTAS HUÉRFANAS POR EL VIRUS

Hoy muero contigo,
cansado y triste.
Triste porque me dejaste,
triste porque te fuiste
y solo cogiste el billete de ida,
apartando la felicidad de mi vida.

Ahora, entre estos fríos barrotes,
añoro el despertar del ayer,
cuando acariciabas mi ser
y yo rascaba tu piel con mis bigotes.

Tan solo una ojeada
bastaba para entendernos;
parecía durar… siempre, eterno.
Y ves… La eternidad no existe
en este infierno frágil como el papel,
haciendo enmudecer nuestra romántica balada.

Tú sin palabras,
yo a tus pies
con la mirada siempre al revés,
esperando en la puerta a que abras.

Después, en la calle,
desbordado por el júbilo desmesurado,
daba brincos alborotado,
agradecido con tus detalles.

Pero ahora ya no estás.
Injusta soledad
esta que he de esperar,
con suerte hasta volver a empezar
si nos volvemos a cruzar
en el lejano más allá…
Llorando a la sombra de tus recuerdos.

NUEVOS TIEMPOS PARA OTRA OPORTUNIDAD

La copa de vino que ofreció Bárbara a Álvaro no solo contenía el elixir de tonalidad cereza oscuro que caracteriza a un buen vino reserva; también abrazaba la esperanza del reencuentro después de más de dos meses sin ver a su exmarido. Ella le había invitado a cenar para firmar el divorcio, que quedó pendiente antes del confinamiento. Pero el motivo era bien distinto…

Antes de beber su primer sorbo, Álvaro giró la copa en el sentido contrario a las agujas del reloj y posó la nariz sobre su filo… Cuántos recuerdos le evocaba ese inconfundible olor a frutos rojos maduros, especias dulces y chocolate, mezclado con el perfume de Chanel número 22 que usaba Bárbara. Álvaro era la típica persona que pensaba: «Ten cuidado con confiar en alguien a quien no le guste el vino».

La larga velada acabó cuando la noche aún parecía joven. Álvaro se excusó un momento para ir al baño, instante que Bárbara aprovechó para acomodarse en el sofá semidesnuda, ataviada con su lencería fina rojo pasión. Ella deseaba concederle una noche ardiente de despedida a su todavía ansiado amor. Mientras esperaba impaciente, pensaba en cuántas veces habían disfrutado de ese tipo de veladas con una buena botella de vino.

Álvaro entró en la habitación a tientas. La claridad de la farola que se adentraba por los cristales, abriéndose camino entre las cortinas, luchaba con las gotas de lluvia que repicaban a modo de concierto relajante. Bárbara había dejado la persiana y la cortina sin echar de forma deliberada para que más tarde la luz se atreviera a descubrir su cuerpo. En otra época, cuando el amor imperaba entre los dos, lo escuchaban acurrucados el uno sobre el otro, dejándose llevar por su armonía embaucadora…, aunque eran tiempos mejores. Ahora dominaba la austeridad en su relación.

Recostada sobre el sofá, aguardaba que la visión de su marido se acostumbrara a la penumbra y pudiera contemplarla tumbada en actitud provocadora. Su lencería insinuaba sexo y era lo que esperaba en ese momento con demasiadas ganas. El deseo de complacerlo se había convertido en el mismo deseo de sentirlo. Cuando cruzaron sus miradas sobraron las palabras… Dos cuerpos buscando complicidad… Cerró los ojos esperando unos labios que la besaran con pasión. Álvaro rozó su cuello suavemente con la lengua y con leves mordiscos fue buscando esa boca ávida de lujuria, aún con el sabor a fruta y a vainilla de la madera y la acidez perfecta que le había dejado su vino favorito.

Olvidándose del tiempo, fueron fundiéndose piel con piel. Las manos volaron lentamente hacia los senos turgentes de Bárbara. Era una de sus zonas más erógenas y sensibles; el simple contacto le provocaba verdaderos momentos de éxtasis. Él sabía bien cómo acariciarla y ella se dejaba llevar de manera sumisa mientras iba abriéndose hueco entre sus piernas. Paró justo al llegar con sus dedos al ombligo, deslizando su cuerpo e invitándola a girar sobre sí misma, recostándose boca abajo, para así poder recorrer su espalda lentamente con los labios hasta llegar a la zona que más sensualidad provocaba en Álvaro. Sus glúteos desequilibraban la fogosidad. Así quedó durante unos minutos, recreándose con adoración. Después la volvió sobre su pecho y por unos segundos el mundo dejó de existir… Solo dos cuerpos excitados, rozándose con el ritmo de una sutil y a la vez salvaje melodía hasta llegar a la cumbre donde el orgasmo se convierte en placer. Ese placer que te hace subir a las nubes y para cuando bajas te hace sentir exhausto pero feliz, la felicidad que te da la seguridad de haber derrochado pasión más la pasión recibida. Álvaro y Bárbara coincidían en esa manera de pensar. Afirmaban que la felicidad plena solo se alcanzaba con el sexo y una buena botella de vino.

Y todo comenzó con otra oportunidad al amor y la esperanza…

Índice

Sobre el autor

A Juan Antonio Almanado lo que más le seduce es mostrar sus sentimientos con palabras. Pese a la adolescencia de su escritura, ya tiene varias obras en proyecto, aparte de este poemario, su primer libro publicado y un fiel reflejo de las vivencias sobre la pandemia de la COVID-19. Por un lado, una novela con la Segunda Guerra Mundial como telón de fondo y, por otro, un segundo libro de poesía, donde deja salir todas las palabras agolpadas en dirección a la mente del lector.